Gyllne morgon

Dikter och tankar

GERT NILSSON

Gyllne morgon

Dikter och tankar

Förlag: BoD – Books on Demand, Stockholm, Sverige
Tryck: BoD – Books on Demand, Norderstedt, Tyskland
ISBN: 978-91-8080-515-5

Gyllne morgon

Gyllne morgon, dig jag väntar
efter dödens mörka natt.
Du som själv har upplevt natten
och besegrat mörkrets makt
du har lovat oss att vakna
till en morgon, ljus hos dig.
Du har sagt att du som lever
vill ge liv på nytt igen
efter dödens kalla mörker
när den gyllne morgon gryr
blott vi lever nära dig.

Morgonglädje

Rönnerdal han skuttar
när han stiger ur sin säng.
Det gör inte jag precis
men är glad att stiga upp,
tackar Gud av allt mitt hjärta
och tar dagen i min famn,
glad att jag får leva
än en tid i denna värld,
så full av under varje dag,
viss att nåden från vår Gud
lyser upp den väg jag går,
leder mig till himlens land,
till det mål vår Gud oss gett.

Adventsfasta

Adventsfasta hade en viktig funktion,
att förbereda oss för julen,
att liksom vistas uti öknen
och i fjärran skymta
löftenas uppfyllelse,
att medan mörkret ännu varar
se en skymt av ljuset
för att sedan skåda
när gryning övergår i dag
och med glädje kunna sjunga
Dagen är kommen.

En grön jul

En grön jul är det vanliga
här uti Skåneland.
En grön jul var det också
i Betlehem en gång
när Jesus kom till jorden
och blev till en av oss.
Han kom från härligheten
till oss i verkligheten
att frälsa oss från döden
och ge oss evigt liv.
Så sjung nu änglaskaror
och hela jorden all
ooh prisa Gud din Konung
för kärlek ofattbar.

Barndomshemmet

Jag föddes av kärleksfulla föräldrar,
fattiga, hederliga
hårt arbetande
och jag var ett välkommet barn,
äldst av fem syskon.
Trots att vi var fattiga
stod glädjen högt i tak.
En sammanhållen syskonskara
med goda föredömen,
dagens lekar,
och aftonbönens trygghet.
Att hjälpa till och att hjälpas åt
var en självklar regel.
Far och Mor
hade fått arbeta som barn.
De strävade efter
att vi skulle få det bättre,
de försakade mycket
för att hjälpa oss.
Så tack, de bästa föräldrar!

Söndagsskolan

Söndagsskolan var en självklarhet.
Där fick vi sjunga och lära om
Jesus, barnens bäste vän.
Där lärde jag mig mycket
Av min hängivna lärare,
och av en annan lärde jag
att spela mandolin,
för mig själv,
och i sånggruppen.
Där fick jag lämna mig åt Gud,
och i glädje sjöng vi
Jubla nu mitt sälla hjärta.
Det liksom konfirmationen
Innebar underbara löften
tillsammans med Jesus, Frälsaren.

En god människa?

En god människa,
vem vill inte vara det?
Att älska Gud och nästan
och kunna stå det onda mot,
att alltid se till andras bästa
även när det tar emot,
att följa det som Gud vill
fastän jag vill nåt annat.
Så hjälp mig, Herre, välja
att följa viljan din
där Gud är störst av alla
och nästan är min like.
Du är den ende gode,
i din godhet blir jag god.

Rätt och rättfärdighet

Att vara rättvis
Och att göra rätt
var ledstjärnor i mitt hem.
Och nu till själens vånda:
var jag alltid rättvis,
gjorde jag alltid rätt?
Eller var jag för feg
att säga min mening
rakt och klart
när det behövdes,
och i stället
slirade på sanningen?
Du Herre, som är rättfärdig,
ikläd mig Din rättfärdighet.

Jag behövde en nästa

Om jag har en nästa
mår jag riktigt bra.
Tänk så många pluspoäng
jag då kan hämta in
för varje vänlig gärning
som jag mot henne gör.

Men är nu det att älska
som Jesus Krist har tänkt?
Han älskade oss alla
och tänkte ej på lön
osjälvisk är hans kärlek,
nu vill han vill rädda oss.

Men en nästa jag behöver
som kan hjälpa mig
närhelst jag hjälp behöver
här uppå livets färd
att finna livets mening,
en väg till Himlens land.

Då kan ju jag bli rustad
att själv en nästa bli
för systrar och för bröder
som vandrar med mig här,
att hjälpa dem i nöden
och dela glädjen stor.

O Jesus, kom Du till mig
som nästan jag behöver
och fräls mig, läk mig,
led mig alltid på Din stig
så att var och en som ser mig
igenkänner Dig.

På lasarettet

En vecka, nästan,
på lasarettet i Ystad
med sprutor och slangar
och prov uppå prov
av vänliga, kunniga proffs
på var sina områden
för att se till
att jag mådde bra
och kunde bli bättre.
De gjorde sitt bästa
och jag vill dem tacka
av varmaste hjärta
för allt gott de gjort.

Storebror på villovägar

Ibland fick jag vikariera
för föräldrarna när de var borta.
Tänk vilken makt som
förtroddes åt storebror.
En maktfullkomlig storebror
som sökte styra och ställa
till dess syskonen kom med
sitt obarmhärtiga avslöjande:
"Kejsarens nya kläder".

Det som göms...

Jag gömde en nyckel
när jag skulle på semester,
en nyckel till ett hus
som inte var mitt,
för att den inte skulle bli stulen.
Så kom jag hem
till full pandemi
och behövde inte nyckeln.
Men när så en dag
jag skulle jag ta den fram
kunde jag den alls inte hitta.

Mycket snopet,
och hur jag än letade
jag ingen nyckel fann,
men ett var då säkert,
den måste finnas i mitt hem.

En dag när jag letade
efter något helt annat
fann jag snart det jag sökte
tillsammans med
den försvunna nyckeln.

Glädjen blev mycket stor,
Nu behövde jag ju inte skämmas
för att ha slarvat bort en anförtrodd sak.
Tack Gud för löftet
att den som söker skall finna.

Människa i Guds värld

Det är så mycket som händer
runtom i världen i dag.
En del ser vi tydligt
och förskräcks över
människors ondska.
Annat visar den goda sidan,
en människa skapad
till Guds avbild,
skapad god, men öppen för det onda,
skapad till medmänsklighet
men inkrökt i sig själv
och som valt den goda delen
i den gudomliga kärlekens efterföljd.
När jag nu ser på mig själv
finns det mycket jag gjort
som jag skulle vilja ha ogjort
och mycket som jag försummat
som jag skulle vilja ha gjort.
Så, Herre, förlåt mig min synd
och hela mina brister,
Du som är alltigenom god.

Guds kärlek är starkare än ondskan

Det finns så mycken ondska
uti vår sköna värld,
förskräckta står vi, undrande,
hur skall det gå med oss.
Men plötsligt
mitt i stormens öga
hör vi en ljuvlig röst:
Var lugn, min vän, det är jag,
och där jag är
har kärlek sista ordet.

En grund av kärlek

Varför talar vi så mycket om ondska
när världens grund är god?
Väl kan nu ondskan storma
och sprida skräck och ve,
men starkare än vapen
och despoters list
är kärleken från Gud
till världen och till oss.
Den kärlek som syns övergiven
uppå ett kors på Golgata
men som segrar över döden
och lämnar graven tom.
Starkare än ondskan
är kärleken från Gud.

Fåglars lovsång

Trädens susning ljuder över hagen,
grenars vinkningar hälsar glatt,
hör månne fåglarna sången,
och ser hur träden vinkar?
Gläds de över blommorna som lyser
och doftar så härligt,
eller är det bara människan
som kan tolka naturens under?
För ett under är det
att naturen och allt
lever, rör sig och är till.
Så kanske fåglars sång
ändå är en lovsång
till deras Skapare och vår.

Vänskap

En vän är den största gåva
livet ka ge
förutom vad kärleken gett.
En vän är trofast,
vänskap består prövningar
och kan förena hög och låg,
fattig och rik, sjuk och frisk.
Vänskapen är jämlik,
ingen är förmer, ingen är för liten.
Den väger inget
och kan inte mätas,
dess tyngd kan inte rubbas.

Sorgens djup

Han var bjuden på fest och skulle hedras
men hans hjärta var fyllt av sorg
och mitt i det glada sällskapet
var han djupt otröstlig.
En familjemedlem var död
och hans sorg var större
än upphöjelsen han fick.
Inga ord räcker till för att trösta,
ingen kan läka sorgens sår.
Ett enda kan jag göra för vännen,
det är att stå vid hans sida
och be till vår Herre.

Känslan

Känslor kan ofta spela ett spratt,
de är ju högst subjektiva.
Om jag känner glädje och du känner sorg
är de verkligen endast tillfälliga
och inget att grunda sin livsmening på,
den behöver en fastare förankring.
Men ibland kan känslan
upptäcka objektiva fakta,
som att något är fel eller rätt.
Men känslan står då inte ensam,
den bygger på sunt förnuft
och på kunskap som livet lärt.

Tacksägelsedag

Börja med att tacka
när i bön till Gud du går
för mat och hem och kläder,
för kärlek ofattbar,
för Jesus Krist, som kommit
att frälsa världen all
och ge oss hopp och frid,
för Anden som oss hjälper
att gå på livets väg.
Och när du så har tackat,
du vet att Gud dig ser
och ger dig livets gåvor
förrän du bett om det.

Julskyltning och längtan

Slutet på oktober
julskyltning redan.
Vad är det som gör
att kommersen
börjar då?
Är det längtan
efter Julens konung,
eller är det penningen
som styr?
Men bakom allt detta
en längtan efter
helhet, renhet och mening
som ej kan fyllas
av butiksfönstrens glitter
men endast av
Jesus Julens Barn.

Tiden

Stilla står tiden aldrig,
fortare går den ej heller
än att vi hinner med.
Men frågan tränger på:
vad gör vi med tiden,
tar vi vara på den
eller slösar vi bort den
på ovidkommande ting?
Tiden vi får
är en gåva av Gud,
en gåva vi fått att förvalta.

Från dröm till verklighet

Att drömma sig bort från verkligheten
är en lisa för själen ibland,
att fantisera om soliga stränder
eller ett rött litet torp i en skog.
Stärkt av drömmen den sköna
blir vardagen lättare att leva,
där har vi en uppgift att fylla:
att förvalta Skaparens värld
och älska min nästa
såsom jag själv älskad vill bli.

Normernas grund

Är normerna viktiga i vår tid,
man kan ju inte annat än undra.
Alltför ofta bryts de
med de mest fantastiska ursäkter.
Den som bryter dem hade säkert en orsak
även om någon blir slagen
både gul och blå.
Men normerna har en viktig funktion
som vägvisare här i livet.
De visar hur livet bör levas
i kärlek och fred med varandra.
Deras rötter finns på tvenne stentavlor
formulerade av Skaparen själv
och skriven i våra hjärtan.

Oktoberdag

Solen skiner,
men termometern visar
att sommaren är förbi.
På caféet sitter människor
tillsammans i smärre grupper
livligt diskuterande med varandra.
Genom fönstret syns en
ström av flanörer,
klädda i varma kläder
för Brittsommardagen
är redan förbi.
Vad rör sig i medmänniskors hjärtan
en solig dag som denna,
är de tillfreds eller bär de på en längtan?

Förmynderi

Är det rätt att tvinga
folk att äta ekologiskt?
I min stad hävdar politiker det.
Ekologiskt eller
miljömässigt hållbart,

vilket skulle man välja?
Men här skulle inga kryphål finnas,
politiker vet alltid bäst
vad gamle Svensson tycker
även om Svensson själv
tycker tvärt emot.

Experternas bluff

Vem är egentligen expert,
den som har djupa insikter i ämnet
eller den som styrs av ideologi?
När den ene säger si
och den andre säger så
har väl inte bägge rätt?
Men problemet är inget problem,
den som har makt har alltid rätt
för makten har alltid rätt
även när den har fel.

Regelverk utan moral

När en domstol utvisar
en kvinna, dödsdömd för
sin kärlek till fel person
kan domarna sova gott om natten,
de har ju bara gjort sitt:
följt ett regelverk i blindo.
Luther, den gamle, lärde annat:
lagarna skall tolkas generöst
med nästans bästa i sikte.
Men för att göra det
behövs en moral, grundad
på kärlek och sunt förnuft.

Domssöndag

Regnet öser ner
mörkret har redan fallit,
domssöndagen är inne.
Allvarsamma mänskor
lyssnar till prästens predikan.
Hon manar till vaksamhet
och till att se sin nästa
som är i behov av hjälp
ty bredvid vår nästa
står Herren själv
och ser tjänsten som om
den vore gjord för Honom.

Vid kyrkoårets slut

När kyrkoåret går mot sitt slut
blir texterna allvarliga,
de frågar hur jag lever livet,
om jag har olja i min lampa,
en kärlek full av liv och
kläder som passar i Guds himmel.
Lampan den är tron på Kristus,
kläderna är Guds rättfärdighet
och kärleken är den som
vi får av Guds nåd
gratis och för intet.

INFÖR ADVENT

När allting synes gå mot höst
och vinter står för dörr
då nalkas slut på kyrkans år,
vi anar Guds advent
då ärans Konung stiger fram
i enkel vardagsdräkt,
så enkel och så ringa
Guds Son nu kommer till oss,
hans rike är ett annat
än det vi annars ser.
Det handlar om rättfärdighet,
om nåd och sanning stor,
och alla är vi bjudna
att i det riket bo.

Advent berör hela skapelsen

Advent berör hela skapelsen,
den oansenliga åsnan får ett viktigt uppdrag,
trädens blad blir till en kunglig matta,
människors tro och lovsång
blir till en fest i vardagen
Tillsammans med Jesus, Adventets Konung.

Klimatet

Vad kan vi göra
för att rädda klimatet
du och jag,
ingenting nästan ingenting,
det vi kan göra är ju endast
som droppar i ett jättestort hav,
men tänker du riktigt efter
är detta inte så bara,
för det är ju små enkla droppar
som gör det stora hav.
Så låt oss då styras
av det förnuft som vi fått
och inte av extrema ideologier,
hur politiskt korrekta
de än synes vara.

Rädda klimatet

I går var jag nära
att rädda klimatet.
Jag hade en skön liten dröm
att jag äntligen hade inköpt
en elbil, vacker och skön.
Tänk att nu äntligen slippa
använda diesel, bensin
och kunna köra på elektricitet
tillverkad av olja och kol.

Höstens gula blad

Höstens gula blad,
vackra, vemodiga,
minner om sommarens fägring
och snart skall de falla av
och läggas i högar på marken.
Kala skall träden sen stå
Under den långa vintern
tills de på nytt
av våren skall väckas till liv.
Vad kan de så lära om livet,
när människans höst är här?
Jag tror inte alls de kan lära
oss hur vi som gamla skall bli.
Träden ger dålig vägledning,
endast Gud kan ge svar
när Bibelns blad får liv
och får människans hjärta att grönska.

Gryningsljuset

Gryningsljuset är inte tillräckligt
för att kunna se den nya dagen
men det går att ana den.
Sömnen har varit god
och nu är jag vaken
och sträcker mig mot den dag
som Gud av nåd mig ger.
Med gryningen föds den nya dagen
som jag vill leva till Guds ära
och till nästans välbehag
omsluten av den kärlek
som föddes i en krubba
och dog på ett kors
men trotsade mörkrets makter.
I gryningen föds ljuset
som upplyser dagen.

Himmel och jord möts i julnatten

Himlen har landat
här i vår mitt
i Betlehems krubba,
i koja och slott.
Löften har uppfyllts.
Gud i vår mitt
är här för att frälsa,
ge hopp och mod,
tro till att möta
den framtid
som Barnet i krubban
nu räcker åt oss.

Genom julens barn blir vi Guds barn

Gud har kommit oss så nära
genom barnet i krubban
att vi får kalla Honom Pappa.
Så är Gud oss så nära att vi
får vara hans älskade barn
och vardagen genomlyses
med kärlek, hopp och framtid.

Hoppets ljus i Betlehem

När himlen en gång landade
i ett stall i Betlehem
då tändes hoppets ljus
hos de som väntade.
Och samma ljus nu skiner
för människor i dag
som tror Guds Ord och löften
och tar emot hans Son.
Med änglar får vi sjunga
Guds lov i världen all
och med de fromma herdar
se undret som har skett,
det under som förvandlar
vårt mörker till Guds ljus.

Guds ankomst

Han kommer i dag
som den gången
han red in i Jerusalem
på en åsna
fattigmans djur
dessutom lånad
men som kung i ett rike
som evigt består.
Han kommer med kärlek och nåd
med förlåtelse och ett löfte
om himmelskt medborgarskap.
Hosianna i höjden.
Välsignad vare han
vår Frälsare och Bror.

Tankar vid årsskifte

Det gamla året har nu gått
det nya står och väntar.
Hur blir mitt bokslut
över det som var
och mina planer för det nya?
Ett vet jag säkert, och det räcker:
att nåden som har följt mig hittills
också nu skall följa mig.
Ett tack till Gud för det som varit,
ett förlåt för mina fel.
Så kan jag utan missmod vandra
med Herrens hjälp på nya vägar
den tid jag får av Livets Gud.

Nåden räcker

När Paulus inte visste
varken ut eller in
hur han skulle orka den
svåra plågan bad han
till Herren Gud om hjälp.
Och bönhörd blev han också,
om ock på annat sätt.
Han slapp ej från sin plåga
men fick hjälp att bära den.
Min nåd jag ger dig,
blev svaret som han fick,
så fick han mod att leva
och tro att dö i frid.

Förlåtelse

Kung David gjorde mycket ont,
så firad kung han var.
Han lägrade Batseba
och sände hennes man i strid.
Så slogs han i sitt samvete
av skuld så gränslöst stor,
och mycket plågad var han
av Guds rättvisa dom.
Förtvivlad, knäckt, förkrossad
han föll på sina knän och ropade:
O Gud förbarma dig,
förlåt min stora synd.
Och han, den store syndarn
blev nu från skulden fri.
Nu syndens träl blev nådens barn
som kunde prisa Gud
och leva till hans ära.

Tsunamin

En tsunami går fram genom världen
Corona kallar vi den,
skräckslagna flyr vi varandra,
kom inte för nära mig.
Många mänskor blir sjösjuka
en del spolas över bord.
Hur länge skall stormen härja
trots våra försök att den stoppa.
Men som en gång förut
står Jesus plötsligt i båten.
Var lugn, han säger, det är jag
och mig är given all makt
också över de största pandemier,
och det gör mig lugn och trygg
mitt i den hårdaste storm.

Ordet

Ordet är Guds stora gåva
till oss mänskor på vår jord.
Det till oss från himlen kommer
och förenar oss med Gud.
Stumma av förundran
våra tungors band blir löst
och från våra läppar kommer
lovsången till Gud.
Och med ordet kan vi också
tala till och med envar,
bygga broar utav vänskap
samt ge namn åt allt som finns.
Och där Ordet fritt får verka
får all världen ljus och liv,
Ordet som är Jesus Krist.

Ordet manar till handling

Ordet manar oss till handling
när vi nås av nästans rop.
Vi som tar emot Guds kärlek
kan ej själv behålla den.
Vi får ge den till vår nästa
såsom Jesus gav oss den:
bröd på bordet, mat för själen,
kroppens hälsa, andens frid.
Så blir Ordet, Gud oss givet,
för all världen ljus och liv.

Minnesord över Julia

Hon var liten till växten,
oansenlig till det yttre
men en människa
som gjorde avtryck
på alla hon mötte.
Alltid glad, klagade inte
trots det hon fått genomlida
under ett helt liv.
Villigt och glatt
bekände hon sin tro,
sjöng av hjärtat
om än rösten var svag,
generös mot alla
som kom i hennes väg,
en Jesu lärjunge
här i vår mitt.
Nu har hon slutat
sina dagar på jorden
i tro på Frälsaren
Jesus Krist.

Och vi som har mött henne
bevarar i vårt minne
en helgjuten medvandrare
där hon fanns
med glimten i ögat
och hjärtat hos Gud.

Sömnlös inför Gud

Du säger att du inte har tid
när det gäller att tala med Gud.
Om morgonen har du så brått,
om kvällen är du trött
och dagarna är alltför upptagna.
Men så händer det ända ibland
att du vaknar mitt i natten
och inte kan sova en blund.
Kanske är den stunden en gåva av Gud
för att vi skall kunna tala med varandra
med bönens språk och Bibelns ord.
Så kan timmen du trodde var spilltid
bli ett möte med Herren själv
och sömnlöshetens plåga
förvandlad till en helig stund.

Tröstlösa nätter

Hur skulle väl jag kunna sova
när barnbarnen gråter
av sorg och förtvivlan?
En älskad mor har ryckts bort
och glädjen är borta.
De frågar efter mening
men får alls inget svar.
Gud vill ju liv
och i stället kom död.
Men Herre, du grät vid en grav,
kom till oss och dela vår gråt.

Till minnet av en älskad sonhustru

Mitt i livet bröts du ner
fastän du ville leva.
På dagar få gav kroppen upp
trots läkarnas försök
att rädda dig till livet.
Sörjande, gråtande, oförstående
vi står med obesvarat varför?
Du gav så mycket, allt du gav
av kärlek och av omsorg,
och främst av allt dig själv.
Du solen var
som lyste oss och gladde.
Vi ville ha dig kvar,
du ville hos oss leva.
Med saknad utan gräns
vi tackar Gud för allt du gav,
och genom sorgens mörka moln
vi griper tag om löftena Gud gett
om uppståndelsen och livet.

Vid livets gränsstation

Min Gud när jag skall lämna
den värld jag levat i
och skiljas från de kära
Som här har stått mig när
kom du och var mig nära
och håll mig i din hand.
Du döden har besegrat
och öppnat himlens port,
så tack för Ordet givet
som för mig hem till dig.
Då kan jag tryggt mig lämna
i Jesu Kristi famn,
och korset som mig väntar
skall då slå ut i blom
och döden är besegrad
i Jesu Kristi namn.

Strukturrationalisering

Strukturrationalisering
är ett lysande ord
i konsulternas nya ordlista.
Man slår samman, bryter upp
det som format vårt liv sedan länge.
Små enheter skall bort,
skolor, åkrar, gemenskaper
av alla de slag, även kyrkliga.
Administrationen blir enklare
och mycket effektiv.
Men hos oss, som det gäller
kommer vilsenhet och otrygghet.
Mänskan är sig lik i alla tider,
kräver ett *du* för att bli sedd,
inte en allomfattande myndighet
grundad på anonymitet.

Artros

När artrosen anfaller knäna
jag vet varken ut eller in
så ont det gör.
förödande som ett slagregn
på moget sädesfält
eller en snöstorm
som piskar min kind.
Men Herre, du led för os alla,
din smärta var utan gräns
så Herre, o göm min i din.

Februarisol – Kyndelsmäss

Det var mulet i morse,
men det klarnade upp.
Februarisolen lyste
och gav hopp om vår.
Ljusen från Kyndelsmäss
skingrar själens mörker.
Symeon och Hanna såg det,
sjöng Frälsarens lov
och vittnade om det
som bara de kan se
som har ögon öppna
för Guds härlighet.

Den gränslösa nåden

Den gränslösa nåden
är Skaparens gåva
given åt alla människors barn.
Fritt och för intet
vi får ta emot den,
Jesus har köpt den
på korset åt oss.
Därför vi nu är
Guds älskade barn
födda av helig Ande
med uppgift att alltid lovsjunga Gud
och ständigt älska varandra.

Krig

Det pågår ett krig
inte långt härifrån
så djävulskt och bestialiskt.
Människor dör
eller drivs på flykt,
byggnader sprängs och förstörs
allt enligt plan
muttrar krigsherr´n förnöjt
och ingen kan få honom
att stoppa ett vanvettigt krig,
Påhejad av rådgivarna
utan ansvar och makt
kan han ensam bestämma allting.
Men fastän han är så
mäktig och stark
hans dagar är dock räknade.
En dag tar hans herravälde slut
och naken han gör sorti.
O, Herre, förbarma Dig
över alla krigets offer,
ty bakom allt buller
och skrämseltaktik
Du håller oss i Din hand.

Frihet är det bästa ting

Det finnes de som tänker,
om ryssen kommer ger vi oss
och vi behöver icke nå´t försvar,
det är ju bara friheten vi offrar.
Glömt är biskop Thomas ord
om frihet på vår jord,
och glömd är kampen
som föräldrar fört
för friheten vi har.
Så låt oss alla vakna,
slå vakt om det vi ärvt
och skydda allas frihet,
det största ting av allt.

Det var för mig

Det var för mig
som Du bar ditt kors,
led och dog i mitt ställe.
Försonad med Gud
och friköpt
från ondskans makter
jag är fri från skuld så stor.
Tack Herre att du
gick den vägen för mig
som leder från död till liv.
Så hjälp mig att alltid följa dig
även när vägen är svår,
ty bortom korset
står liljan så skön
och bådar uppståndelsens morgon.

När Gud tycks borta

Ibland tycks Gud långt borta,
jag alls inte honom kan se.
Frestaren säger att
han inte längre lever
och att han för alltid är död.
Men blommorna blommar
och hararna skuttar
och människans hjärta
slår taktfasta slag,
så hur är det möjligt
om Gud inte finns.
Då är han ju ändå hos mig
om än känslan säger nå´t annat.
En gång skall tron mig hjälpa
att se klart med öppen blick
och hoppet bli verklighet,
alltsammans förverkligat
av kärlek störst av allt.

Olympiska spelen 2022

På OS de kämpar för Sveriges färger,
försakar båd nöjen och sömn.
För tänk vilken lycka det ändå är
att på prispallen stå efter fullbordat lopp
och allrahelst märket i guld.
Men vad händer när glansen har flagnat
och medaljchansen en gång tagit slut,
journalisterna saknar intresse
och folkets jubel inte längre hörs?
Människovärdet är dock alltid detsamma,
ingen är värdelös.
men självbilden då, är den också intakt
även när "bäst före" passerat
så att jaget alltjämt är jag
även som "före detta"?

Min skuld

När skulden till Gud mig tynger
och glädjen i mitt inre är borta
jag känner mig helt förkrossad
som kung David gjorde en gång,
och frågan blir: vem kan rädda mig?
Men just som jag är där djupt långt nere
jag ser det kors där min Herre dog,
och han på korset som log mot rövar´n
nu också möter mig med sin blick,
en blick som säger, "min vän, jag dig älskar,
du är förlåten, din skuld betald,
kom nu och följ mig och tjäna Gud."
Nu är jag fri från den skuld som mig plågat
och glädjen fyller min själ med fröjd.
Så tack min Gud för den nåd du ger mig,
för kors som sonar vår synd och skuld,
för liljan bredvid som så härligt lyser
och bådar uppståndelse och liv.

Språket

Tack Gud för språket,
förbindelsen till dig
och min nästa.
Men hjälp mig
att rätt styra orden
så att jag lovsjunger dig
och gläder min
granne på jorden.
Till dig får jag komma
med alla bekymmer,
och trösta den nästa
jag möter.
Bevara mig för orden
som sårar och dödar
och öppna dem som läker
och tröstar,
Du, som är Ordet oss givet.

Palmsöndag

Säg, ej är det väl svårt att följa
Dig Jesus på palmsöndag.
Ej har jag orsak att dölja
att med den hyllande skaran går jag.

Med palmer i våra händer
Vi går till Ditt möte.
Du är Konungen, som Gud oss sänder
och villigt vi ger vårt löfte.

Vi ropar: ”Hosianna,
välsignad vare Du,
som från det höga och det sanna
till oss är kommen nu.”

Och vägen tyckes fyllas
av dem som med Dig går.
Av många människor Du hyllas
när Jerusalem Du når.

Säg, ej är det väl svårt att följa
Dig Jesus på palmsöndag,
men varför vill vännerna sig dölja
när korset reses på långfredag?

O Jesus, låt mig ej svika,
om ock ett kors jag måste få.
Du vill från mig ej vika,
för min skull korsets väg Du måste gå.

(1959)

Långfredag

Det restes ett kors på Golgata kulle
en fredag för längesen.
Mästaren från Nasaret, Guds älskade Son,
dog för att vi skulle få leva.
Fastän oskyldig och utan synd
det var våra skulder han bar
när på korset han offrade sig
i den smärtfyllda kamp
emot ondska och död.
På korset han vann åt människors barn
en frälsning från synd och död.
Nu korset, dödens mörka symbol
blir ett tecken på seger och liv,
ty bortom korset står liljan i blom
och bådar uppståndelsens morgon.

Påskdagsmorgon

Kristus är uppstånden!
Han lever nu i dag.
Döden är besegrad,
öppnad himlens port.
Så sjung nu änglaskaror
och alla jordens folk
och prisa Gud treenig
för undret som har skett.

När vårsolen lyser

När vårsolen lyser
då blir man så glad,
och fåglarna kvittrar
sin lovsång så skön,
då stäms man till glädje
och fröjd så stor
och till tacksamhet över
att allt är så skönt.
Så tack käre Herre för
kärlek så stor och omsorg
om allt som Du skapat.

Nu är det vår

Bokskogen grönskar
nu är det vår
häggen snart blommar
syrenen likaså
och rapsfälten lyser
i gyllengul färg
i full harmoni
med himmel så blå.
En tavla så vacker
vår Herre målar upp
som stämmer till glädje
och tacksamhets sång.
Tänk att få leva
i Guds sköna värld
omsluten av nåd
och buren i kärlek
av Treenig Gud .

Okänd nästa

Vad rör sig i mannen jag mötte i morse,
han såg inte alls särskilt munter ut,
Hade han grälat med hustrun,
varit osams mede barnen,
var han rädd för att möta chefen idag?
Eller trycktes han ned av penningbekymmer
nu när allting har blivit så dyrt
så att han visste varken ut eller in.
Kanske sökte han mening med livet
och famlade i ett nattsvart mörker.
Visste han månne inte
att han är älskad av Gud
och återlöst av Guds Son?
Borde jag kanske ha stannat på vägen
och vittnat om kärlek så stor från Gud?

Livets Ande

Livets Ande, du som kommer
som en kraft från himmelen,
du vill tina frusna hjärtan,
föda oss till liv på nytt,
du vill följa oss i livet
med Guds kärlek, ofattbar,
hjälpa oss att älska andra
såsom du har älskat oss.
Du avslöjar fel och brister,
för i ljuset det vi dolt,
renar oss från allt det onda,
väcker tro och tacksamhet.
Så kan vi som syskon leva
i den värld som du oss gett,
stärkta av det nådens Ord
som din kyrka räcker oss.

I stormen

Den stilla vårvinden ändrade styrka
och blev till full storm,
grenar knäcktes,
blommor föll av träden,
temperaturen sjönk och det blev kallt.
Så skön som sommarvinden
när den smeker kinden
är vårstormen dess raka motsats
och likväl är de besläktade,
dessa två naturfenomen.
Och mellan dem står vi
med beundran och rädsla,
i medgång och motgång
och kan inget göra,
för vi är ju bara människor,
nej, vi är människor, inte bara,
och vi är ställda här i
motsatsernas virrvarr
med livet som gåva
att njuta av den stilla susningen
och stå stadigt när stormen yr.

Om mening och mål

Djupt i mitt hjärta
blir frågorna många
om mening och mål
med mitt liv.
Vad ville min Skapare
med mig och mitt liv
den gång jag blev till?
För jag tror inte alls
det var slumpens förtjänst
att jag blev den jag är
närjag föddes för länge sen.
Men på Bibelns blad
det berätta om mening och mål,
om den avsikt som fanns
när Gud en gång sade "Bliv till",
och berättelsen om en kärlek så stor
som ser mig så liten jag är
och reser mig upp
och låter mig tryggt få vandra
på den väg som över jordlivets
växlande landskap
till det himmelska målet når.

Sommarvinden

När sommarvinden varsamt smeker kinden
det blir en hälsning ifrån Skaparen
som ger allt gott i livet
som jag får njuta av var dag,
det stilla regnet vattnar jord och växter
och solen skänker värme, ljus och liv.
Vad är en mänska här på denna jorden?
Ett litet flarn i världens allt
och ändå älskad av Gud Fader
som ser mig som sitt eget barn.
Så blir naturen boken
som talar om Guds under,
om urtids Gud som möter mig i dag
med nåd och kärlek utan like
fastän jag ej förtjänar det.
Så tack min Fader för att du är när mig
och möter mig i Jesus Krist
och Anden som mig hjälper
att tyda tecknen rätt.

Tack Gud för din kärlek

O Gud som alltid älskat mig
jag vill dig tacka, lova
för att du omsorg om mig har
från början och till slutet.

Tack Jesus att du kom till oss
att hela världen frälsa,
du gav dig helt och fullt för oss
i krubban och på korset.

Guds gode Ande led du oss
så att vi Jesus följer,
håll tron vid liv trots stormarna
som vill mig från dig skilja.

O Gud, Treenig, dig ske lov
för kärlek utan like,
för hjälp i livet här på jord
och målet i din himmel.

Verklig kvalitet

En människas liv går inte
att mäta
i värde och kvalitet.
Det viktiga är inte fattig eller rik,
stor eller liten i världen.
Men det är en människas inre,
det som inte syns eller hörs
som avgör vem jag egentligen är.
Så fyll mig, o Gud, med din Ande så god
att du kan verka i mig
och låta din kärlek nå ut
till min nästa var än hon finns.

Vallöften i valtider

Politikerna lovar så mycket
var gång det närmar sig val.
Kanske håller de något
när de väl har fått sitt mandat,
men det mesta är nog
helt utan ansvar.
Löftena väger så luftigt och lätt
när makten väl är nådd.

Klarare än solens ljus

Klarare än solens ljus
en stjärna lyste glatt,
förkunnade att nu är född
en Frälsare för alla folk.
Nu ingen skall för mörkret frukta
och tappa hoppet om en framtid
ty mörkrets makt är bruten,
och öppnad himlens port,
nu döden är besegrad
om än den plågar oss
ty Jesus Kristus lever,
i honom livet är.

Havet ligger spegelblankt

Havet ligger spegelblankt och stilla,
återspeglar dagens gyllne sol.
Människor på stranden njuter i fulla drag,
tacksamma och glada över sommarens ljuvlighet.
Men så, plötsligt, det blåser upp till storm
och havet förvandlas till ett rytande lejon.
Förskräckta lämnar badarna stranden,
surfarna och paddlarna får brått att komma upp.
För när havet ryter, lekarna tar slut,
mänskor söker säkerhet.
Men när mörkret sänkt sig
och natten slutar dagen
så kanske havet går till ro.
Och när morgonen så kommer
den nya dagen stiger upp.

Maria, Himlarnas drottning

Maria, Himlarnas drottning,
Jesu Mor, Gudaföderska,
titlarna är många
men du var en ung kvinna,
knappt mer än en flicka
när du fick din höga kallelse
och trosvisst sade Ja.
Livet tog en annan gestalt
än du någonsin kunna tänka ut.
Men din villighet
beredde vägen för Frälsaren
och gav oss hopp om framtid.

Torget ligger öde

Torget ligger snart öde,
torghandlarna har börjat
packa ihop sina stånd.
Nyss var det morgon
och de hade bråttom att
sätta ihop sina stånd.
För en del var kommersen god,
för andra inte
men nu är det kväll
och torget skall vara blåst.
Dagens myller av människor på torget
förbyts i en ödslig tomhet.
Men bredvid torget den vackra kyrkan
med klockor som ringer till vila
och i tornet sitter en lurblåsare
och vakar över staden
och alltsammans blir en hälsning
till stadens folk från Himlens Gud.

I djupet av mitt hjärta

I djupet av mitt hjärta
en längtan ständigt finns
att bli lik Jesus,
så ren och god som han.
Men hur jag än försöker
jag aldrig lyckas nå
det mål jag ständigt har.
För när jag nästan lyckas
jag faller ner igen.
Förtvivlan fyller sinnet
och sanningen jag ser
att hur jag än försöker
så blir jag inte god.
Men då, i min förtvivlan,
jag nås av Herrens Ord:
Min vän, du är ju älskad.
jag reser upp dig nu.

Hösten har kommit

Hösten har kommit
morgnarna är svala,
kvällarna likaså.
Men på dagen lyser solen
och det är hyggligt varmt.
Bakom ligger sommaren
med sol och lek och bad
och framför väntar vintern
med is och snö och kallt.
Men minnet av en sommar
kan värma frusen själ,
och sommar som på vinter
Guds rikes sol oss ser.

Barmhärtighetens källa

Barmhärtighetens källa
den flödar fram hos Jesus Krist
från djupet av Guds hjärta
den flödar till oss nu.
Det vi ej själva kunde
det får vi nu av nåd
och när jag är förtvivlad
och ser min synd och skuld
jag böjer mig och ropar
o Gud förbarma dig
och var mig alltid nådig
För Jesu Kristi skull.
Hos dig är all min räddning
så låt mig därför vila
i din barmhärtighet.

Av nåd

Med alla egna prestationer
jag frälsning ej kan vinna.
Med alla världens millioner
en öppnad himmel aldrig finna.

Men om jag från all stolthet går
och så vid korsets fot
förlåtelse av Jesus får,
jag få för själen bot.

O, Herre Gud, vad det är stort,
Att allt beror på nåd.
Vad göras skall är redan gjort,
så är Ditt frälsningsråd.

(1959)

Tänk, vad stort

Tänk, vad stort, att Jesus har
dött för synden min.
uppå korset den han bar,
tog den såsom sin.

Tänk, vad stort, att Jesus kan
frälsa varje själ.
Endast Han, och ingen ann
allt kan göra väl.

Tänk, vad stort, att Jesus skall
om vi därom be,
för all synd och alla fall
förlåtelse ge.

Tänk, vad stort, att Jesus vill
sist en gång
alla sina föra till
himmelsk glädje mång.

(1959)

Stengrunden och försoningsklippan

Mitt hjärta är en stengrund,
ett riktigt syndanäste.
Men tänk, hur stort, att varje stund
det finns ett säkert fäste.
Ett fäste, som en tillflykt är
för alla som på synder bär.

Och Golgata är detta fäste
med korset, som där står,
där Jesus, mänskors vän den bäste
för världens synder lida får.
För att mitt straff jag skulle slippa,
Han gav försoningsklippa.

Det tvenne berg i livet finns
där ödet skall avgöras.
På stengrunden ej frälsning vinns,
men om jag blott mig låter föras
till Golgata, Försoningsklippan vår,
nåd, frid, förlåtelse jag får.

(1959)

Bön

Tack Herre Gud, att Du med Ordet Ditt
nu komma vill med frid till hjärtat mitt.
Upplys oss, Herre, med Ditt helga Ord
och låt för oss Din vilja bliva spord.

Ditt Ord är sanning, lär oss det förstå.
Vi här i livet ofta vilse gå.
Därför, Herre, nu till Dig vi beder,
att Ditt rena Ord till Dig oss leder.

Varje mänska, som av synd är bunden
möt, o Herre, nu i denna stunden,
ty fria vi kan bli från syndens ve
om nu blott Jesus Kristus vi får se.

Kom, Gud, i våra hjärtan in
med nåden, friden, glädjen din
och låt Ditt Ord varom vi tala
oss mänskor mätta och hugsvala.

O, låt Ditt Ord oss leda så
att vi på himlavägen gå.
Låt oss o Gud, av nåd få vara
för evigt i Din barnaskara.

Tack Herre för det nådens Ord
som Du i dag oss ger.
Vi beder; o, låt viljan Din bli spord
för oss alltmer.

(1959)

Vid nattvardsbordet

Jag böjde knä vid altarrunden
fastän jag i den stunden
mig kände ej salig – men kall
Och såg hos mig blott syndafall.

Men när jag låg vid nattvardsbordet
jag fick uppleva, vad som står i Ordet
Att om min synd är än så stor,
förlåtelse får den på Jesus tror.

Bort från mig själv jag såg
där jag vid nattvardsbordet låg.
Men jag förnam, att Jesus hos mig stod
och gav mig sin lekamen och sitt blod.

Så mättades min trötta själ
och i mitt hjärta allt blev väl.
tystnat hade storm och strid
när jag hörde: ”Gå i Herrens frid!”

(1959)

Vinter

Vintern kommer med kyla och is,
med snö och kalla grader.
Dagarna är korta och träden kala,
ödslig står hela naturen.
Tanken går bakåt till sommarn som var
med minne av värme och sol
och långa härliga dagar.
Men också vintern är en tid att minnas,
en tid att leva med tack till Gud.
Ty också där, mitt i kyla och blåst
verkar Gud, Skaparen och Herren.
Naturen som sover vilar sig bara
för att på nytt ta emot
den vår som snart kommer.

Skånsk vinter

Det snöar för fullt
redan den 19 november.
Vägarna är besvärliga,
temperaturen under noll.
Nyss var det soligt och varmt
och så plötsligt vinter,
Men vintern i Skåne
är alltid oberäknelig.
Så efter snö och halka
Det kan bli regn och tö
och lite höst igen
innnan vintern kommer åter
och ger oss snö igen.

Var redo

En dag är tiden slut och vi får möta Jesus,
möta Frälsaren som här vi trodde på.
Men det är så mycket som vill skymma sikten,
som vill dölja hoppet som vi bär.
Men när stormens il går över världen
och ondskans mörker sprider skräck
då står Jesus vid vår sida
för att ge oss mod och hopp.
Är vi redo för att möta honom här
då han ger oss nåd och evig glädje
först på jorden, sedan i Guds himmels paradis?

Flygskam

Världens ledare åker privatjet till
miljökonferensen
och ger oss andra flygskam för att vi inte skall
flyga.
Trovärdigheten naggas i kanten
när lära och liv inte stämmer.
En moral för andra,
en annan för de mäktige.
Men hur skall vi kunna tro deras ord
när de inte själva handlar efter dem?

Två slags moral

En moral för herrarna
och en annan för folket,
så har det ju alltid varit
för att de skall hålla oss i schack.
Festa inte, blev en regel
för oss under pandemin,
men i maktens stora salar
pågick festerna för fullt,
för förbud och krav på ensamhet
gällde bara oss,
undersåtar som vi kallas
utav dem som makten har.
Håll igen med lönekraven
nu när det är lägre konjunktur,
men de själv höjer lönen
och de får aldrig nog.
De är ju "värda" mycket mera
för det är ju de som styr.

Världens slut

En dag skall världen gå under,
Jesus ha sagt det till oss
långt före kriser
som vi alla rädes för.
Och när stormen kommer
säger han som förr:
Lugn mitt i stormen,
jag är med dig där.
Gör du vad du kan
för att rädda vår planet,
lämna allt det andra
i Guds trygga hand.

På jakt efter sanningen

Det finns de som tror
att vetenskapen är lika med sanningen,
men så har det ju aldrig varit.
Vetenskapen söker sanningen
men det finns många irrvägar där.
Till och med de lärde
tvistar med varann
om sant och falskt, om rätt och fel
och det är riktigt bra
för mitt i alla tvister
kan sanningen finnas där.

I vetenskapens namn

Att tala i vetenskapens namn
ger tyngd åt mina ord
men är jag också ödmjuk
så att jag kan se om jag har fel?
Kanske har jag rätt i det jag säger,
kanske är det riktigt fel.
Sanningen skall en gång uppenbaras,
Är jag då beredd att höra den?

Att tänka fritt

Att tänka fritt är stort
den gamle skalden sa,
att tänka rätt är större,
han också lärde oss.
Jag vet ju själv närhelst
jag tänker fritt
men hur skall jag säkert kunna veta
om jag också tänker rätt?

Advent är gryningen

Advent är gryningen till det som sker
när Juldagen snart är inne,
då när Frälsaren kommer till oss
som ett barn i Betlehem.
I Advent kan vi skymta ljuset
som tändes på mörka himlen
en julnatt för längesen.
Så öppna hjärtat för han som kommer
sänd av kärlek från himlens Gud
för att frälsa och rädda
en mänsklighet på glid
och så sprida ljus
i en värld som är mörk,
förlamad av skräckens fasor
men nu med nyfött hopp
om en framtid i Guds rike
som börjar redan här.

Världens ljus i vårt mörker

Mitt i mörkret står han
Jesus Frälsaren,
står där för att rädda
var och en som tror,
hjälper oss att leva
och att en gång dö,
kommer för att räcka
ljus och frid och allt
vad vi behöver
för att kunna leva
och att en gång
bort från världen dö.
Tack du gode Jesus
att du kommer till oss,
lyser oss i mörkret,
för oss ända hem.

Guds rike är nära

Guds rike är nära,
Kom ta emot det,
det erbjudes alla
som i tro tar emot det.
Jesus är kung i det riket
där kärleken segrat
och livet har vunnit.
Medborgarskapet är gratis,
det har Jesus betalt
med sitt liv uppå korset
en fredag för länge sen.

Tack Gud

Tack för alla dina gåvor
tack för livet som du gett
tack för mening, mål i tiden
tack för hopp som sträcker sig
bortom tidens dunkla dimmor
till det mål din kärlek satt:
liv hos dig i evighet.

Julnattens under

Undret har skett
här i vår mitt
en mänska Gud har blivit.
Han som är störst
blir allra minst
när han kommer
som vår lille Bror.
Nu änglarna sjunger
Guds ära till pris
att dagen äntligen kommit.
Länge man väntat
i ångest och nöd
på frihet för fångna själar.

VÄRLDENS UNDERGÅNG

Världen går under i morgon,
spåmännen säger det visst.
Rådlösa står vi och frågar:
Hur skall vi hindra det?
För det är ju på oss det beror
om katastrofen skall stoppas i tid.
Världen går under när Gud vill,
Bibeln säger ju det.
Därför kan vi se bortom skammen
trygga, i tro på vår Gud
som har lovat att stå vid vår sida
blott i tron vi lever som hans.

HOPPET SOM BÄR

I en värld full av oro,
sargad av krig och våld
och mänskorna rådlösa står
inför framtid så oviss
finns det trots allt en ljusning
i allt som är mörkt och kallt.
Urtidens Gud är nutidens hopp,
det ger oss mening och framtid.
Ljuset som tändes i Betlehem en gång
är starkare än mörkrets krafter.
Så trots all oro som finns i vår värld
behöver vi inget frukta.
Ty Han som i stormen lugnande sa:
"Det är jag, var inte förskräckta"
står också här mitt i vår värld
med samma mäktiga ord.

Hur blev ditt bokslut

Året har gått
hur blev ditt bokslut?
Blev det underskott
på kontot över
vad du velat göra?
En nyårsgåva får du
som heter Herrens nåd,
din skuld till Gud är struken
och du får börja om på nytt,
börja i Jesu namn
allt vad du gör,
ty det är han
som har betalat skulden
och som löser dig
ifrån förtvivlans bojor,
som gör dig fri att älska
och se det nya året an.

Trygghet i skapelsen

Att Gud har skapat världen
det gör mig trygg i tron.
Jag vet vad än som händer
han vid min sida står.
Han har ej lovat solsken
var dag på livets hav
men att han aldrig släpper taget,
hans löfte det står fast.
Ty vart jag än kan komma
Han var där före mig
i krubban och på korset
och graven som blev tom.
Han känner allt och kommer
för att stadigt leda oss
från frågorna på jorden
till Guds stad i himmelen.

Kom Helige Ande var när mig

Kom Helig Ande var när mig
och öppna mitt hjärta för Gud,
Låt Ordet du talar nu nå mig,
förvandla mitt hjärta och sinn
att jag må bli rustad att strida
mot ondska och allt som vill hindra
mig från att vara Guds barn.
Låt Frälsarens omsorg mig följa
så ensam jag aldrig må bli.

Bortom dimman

Dimman ligger tät
över skånska slätten
sikten nästan obefintlig.
Så kan livet ofta te sig,
skymt är både mål och mening.
Men så plötsligt, liksom i naturen
dimman skingras, det blir klart,
solen skingrar allt det dunkla,
himlen lyser härligt blå.
Så kan klarhet skingra dunklet
som mig hindrar från att se
nådens sol som allt förklarar
och som leder mig till Gud,
samma sol som en gång lyste
över graven som blev tom
när vår Herre som blev lagd där
reste sig, stod upp.

När vårregnet faller

När vårregnet faller
då blir man så glad
att vintern till ända har kommit
Snödroppar, vintergäck
blommar så vackert,
ger våren sin skönaste hälsning.
Och bakom naturens alla fenomen
står Skaparen som allting har gjort,
som skapat allt och håller det uppe
till glädje för gammal och ung
så tack Gode Gud.